Aprende A Dibujar

Personajes lindos en trajes de moda.

Kellner ModePress

ESTE LIBRO PERTENECE A:

Personajes lindos en trajes de moda.

Para empezar a utilizar este libro, reúna una

hoja de papel, un lápiz y una goma de borrar.

Sin embargo, siéntete libre de emplear

cualquier herramienta de dibujo de tu elección

para crear los personajes más adorables, y

puedes darles nombres después de dibujarlos en

las páginas de capacitación..

1
2
3
4
5
6
7
8
9
10

Dibujemos

1
2
3
4
5
6
7
8
9
10

Dibujemos

1
2
3
4
5
6
7
8
9
10

Dibujemos

1
2
3
4
5
6
7
8
9
10

Dibujemos

1
2
3
4
5
6
7
8
9
10

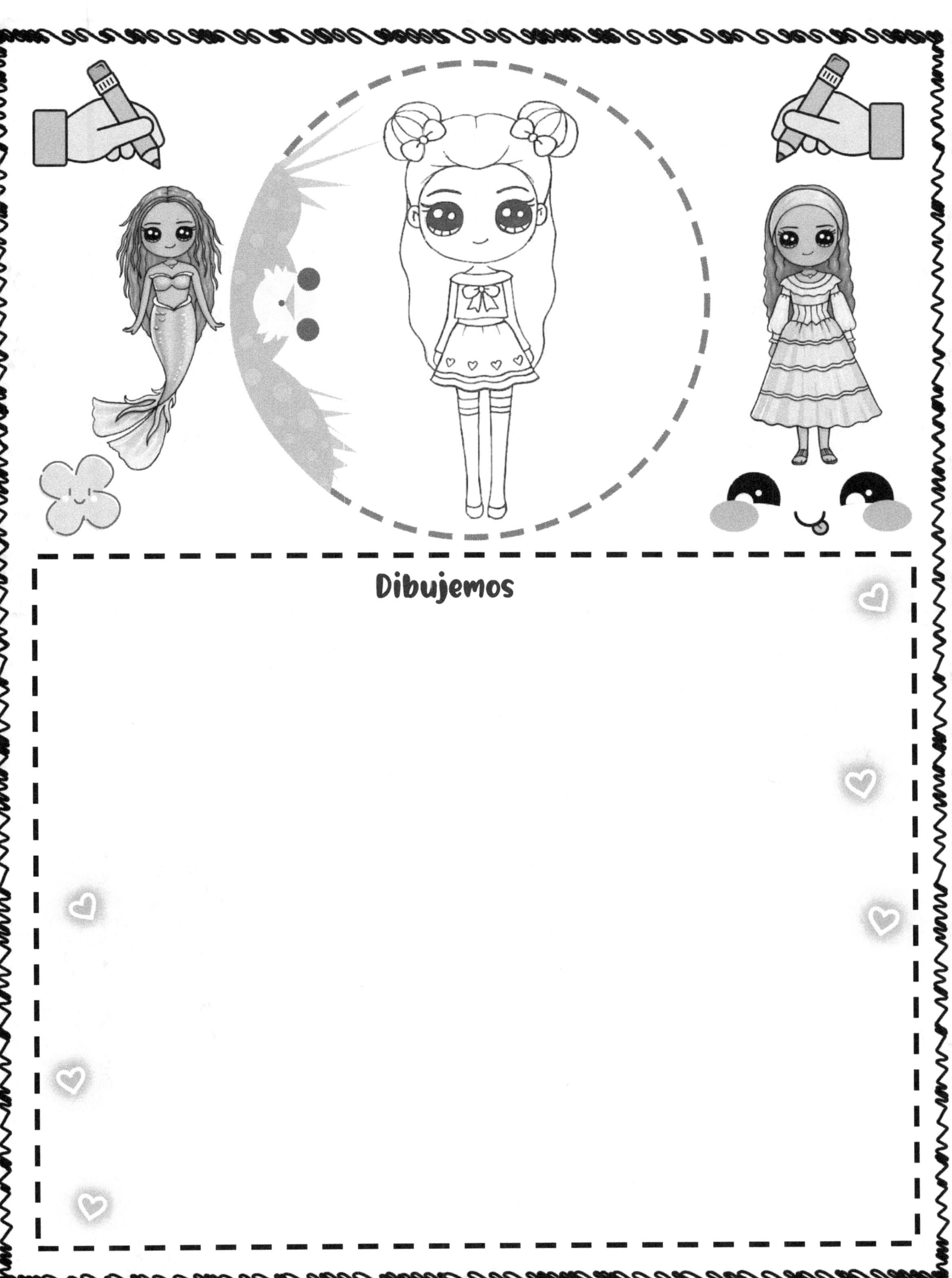

Dibujemos

1
2
3
4
5
6
7
8
9
10

Dibujemos

1
2
3
4
5
6
7
8
9
10

Dibujemos

1
2
3
4
5
6
7
8
9
10

Dibujemos

1
2
3
4
5
6
7
8
9
10

Dibujemos

1
2
3
4
5
6
7
8
9
10

Dibujemos

1

2

3

4

5

6

7

8

9

10

Dibujemos

1
2
3
4
5
6
7
8
9
10

Dibujemos

1
2
3
4
5
6
7
8
9
10

Dibujemos

1

2

3

4

5

6

7

8

9

10

Dibujemos

1
2
3
4
5
6
7
8
9
10

Dibujemos

1
2
3
4
5
6
7
8
9
10

Dibujemos

Dibujemos

Dibujemos

Dibujemos

1
2
3
4
5
6
7
8
9
10

Dibujemos

1
2
3
4
5
6
7
8
9
10

Dibujemos

1
2
3
4
5
6
7
8
9
10

Dibujemos

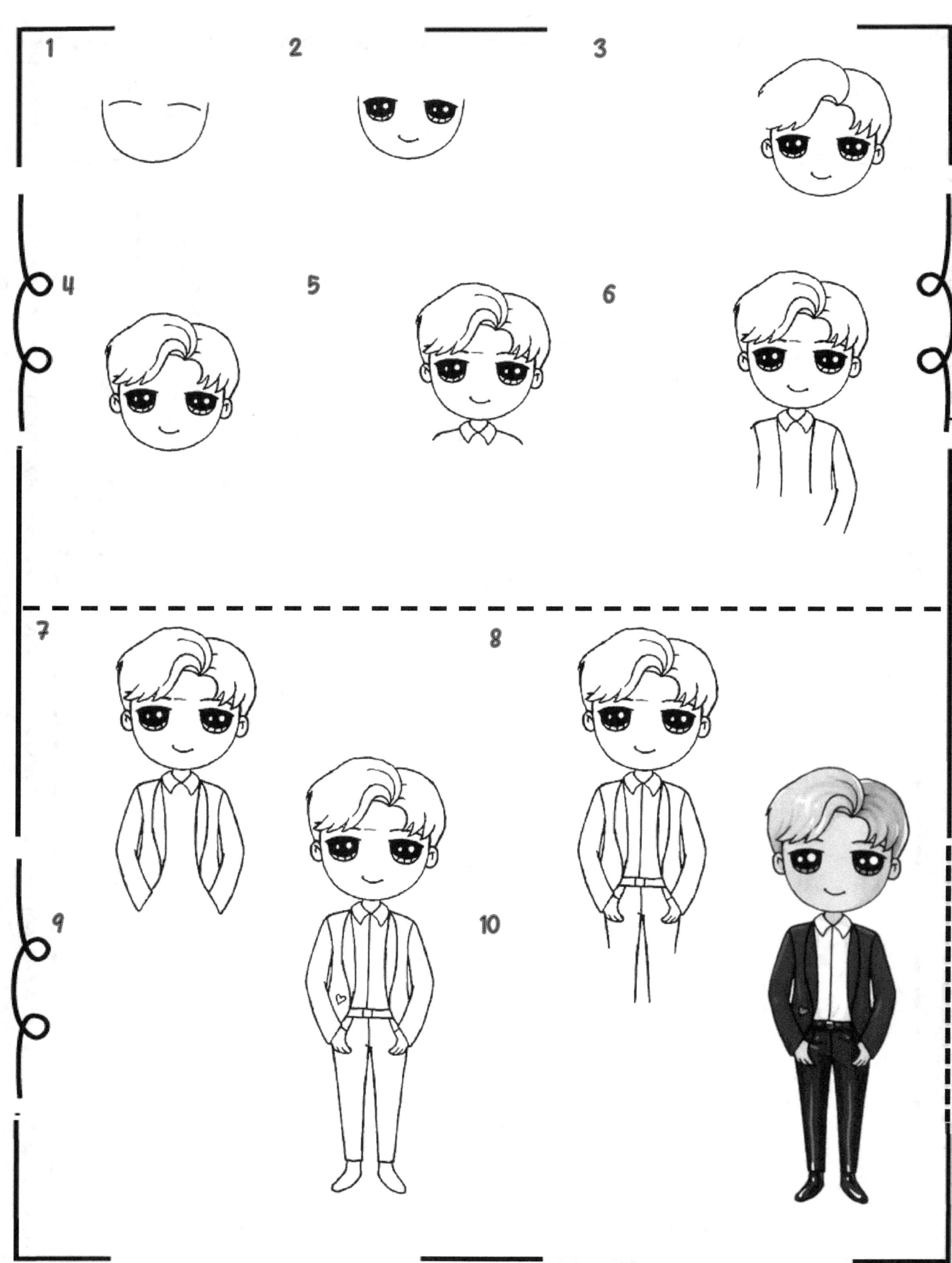

1
2
3
4
5
6
7
8
9
10

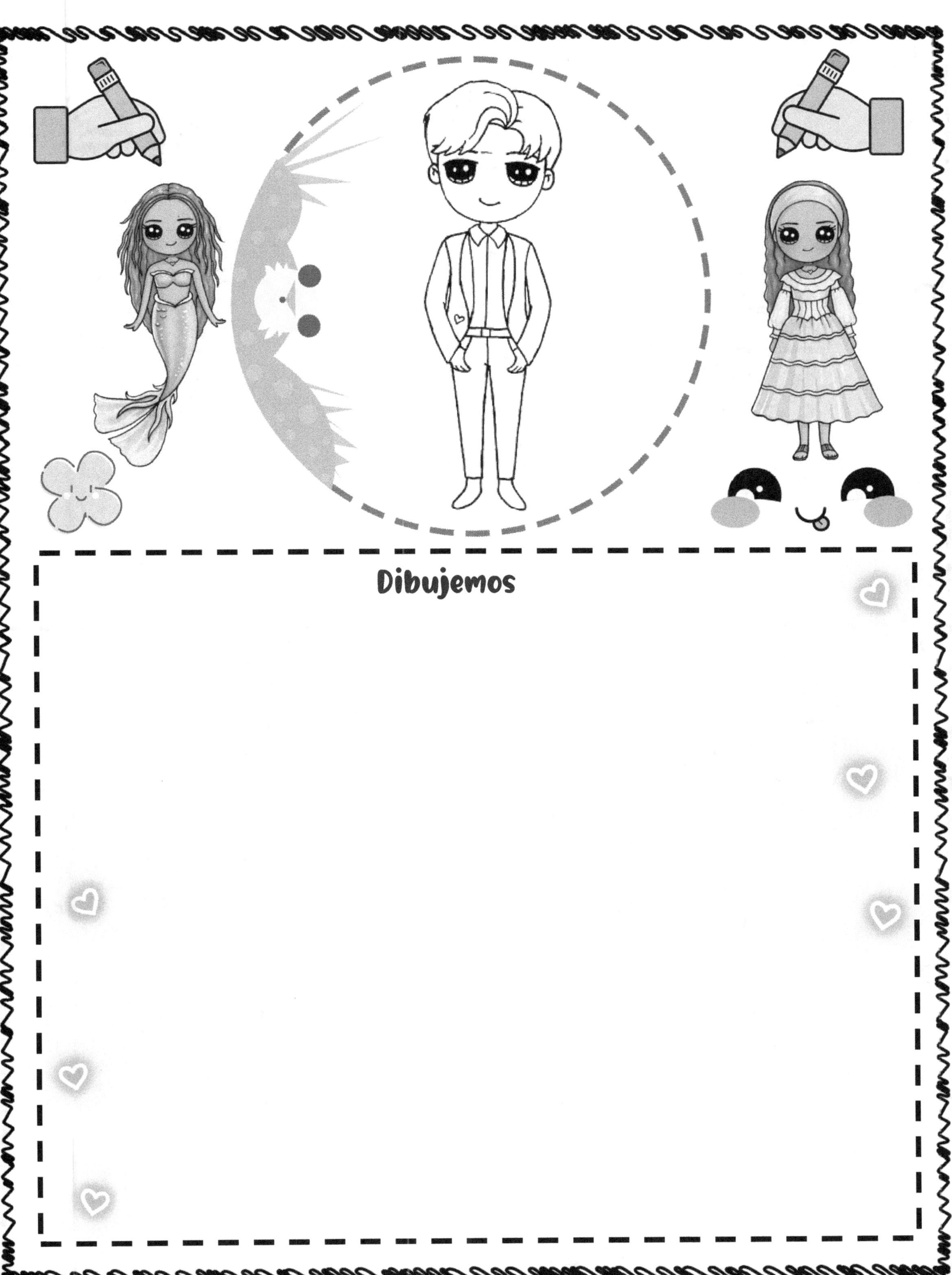
Dibujemos

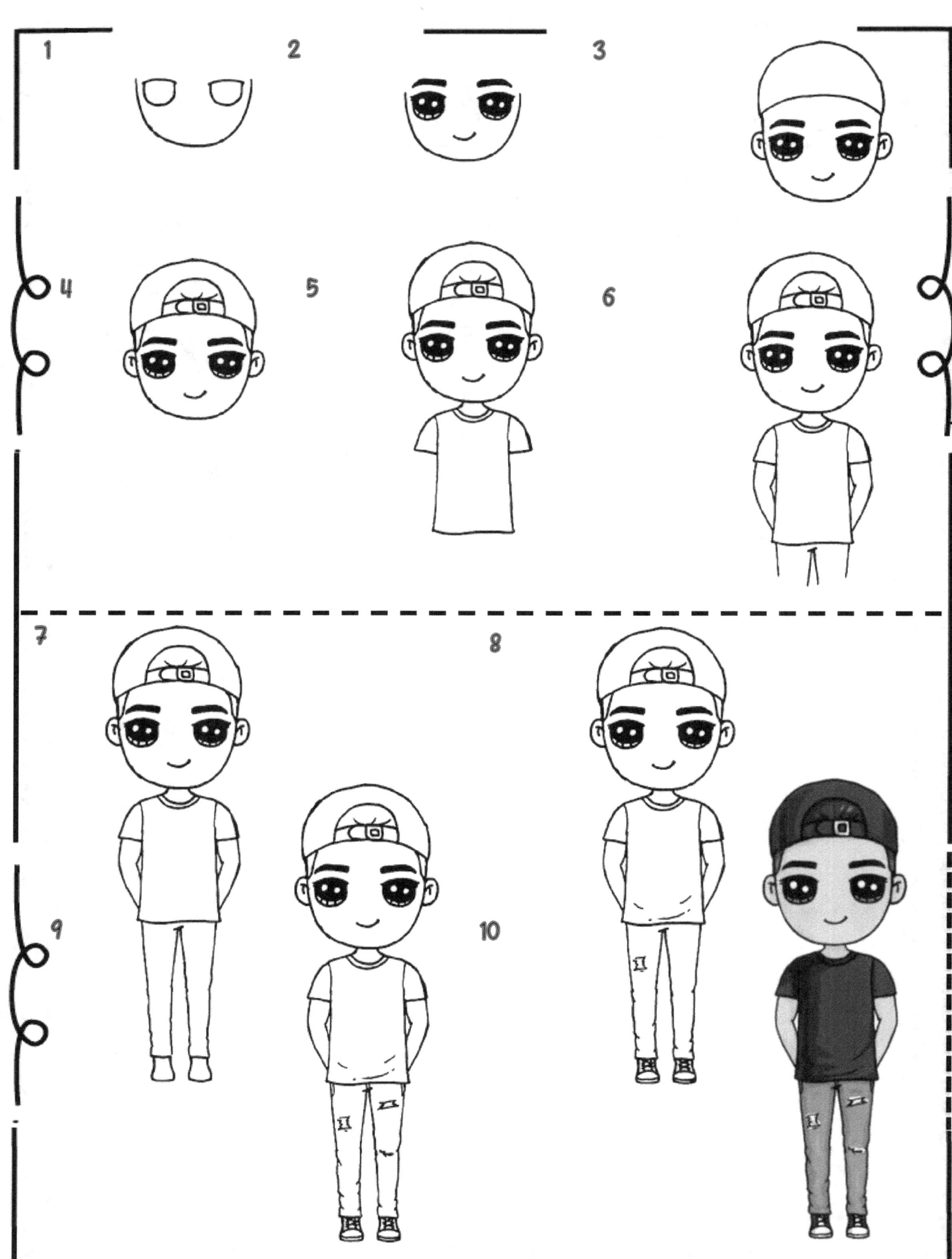

1

2

3

4

5

6

7

8

9

10

Dibujemos

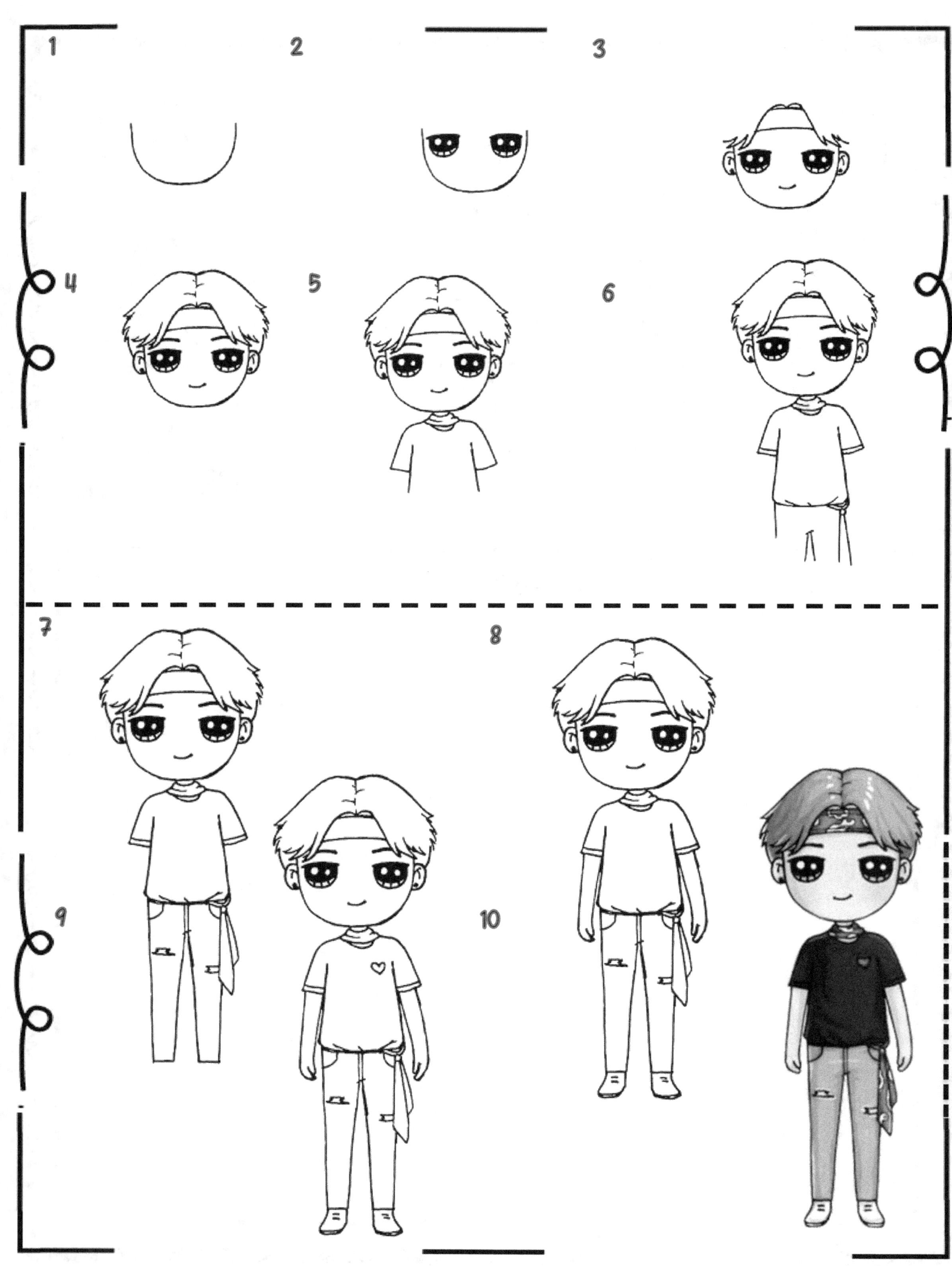

1
2
3
4
5
6
7
8
9
10

Dibujemos

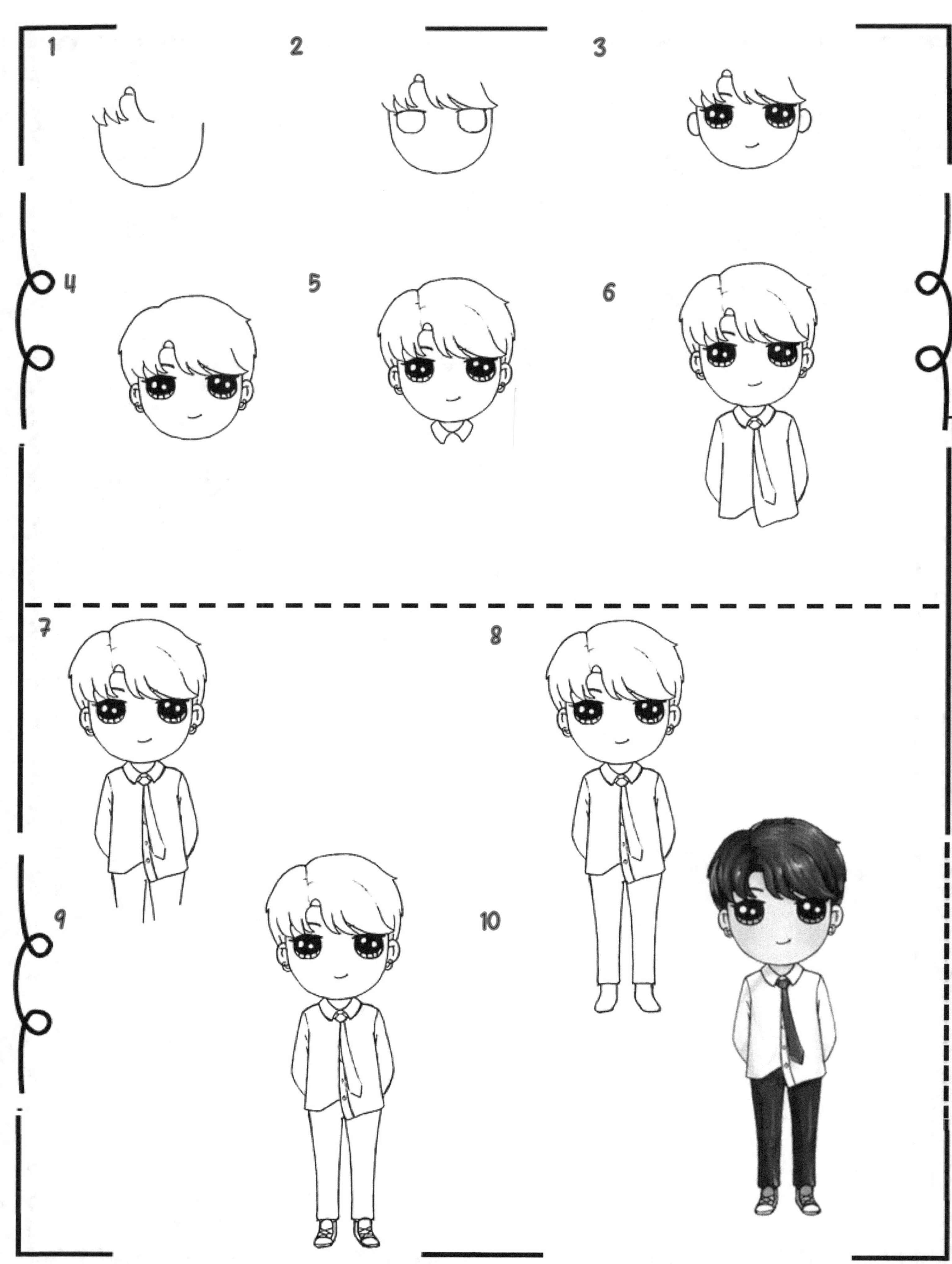

1
2
3
4
5
6
7
8
9
10

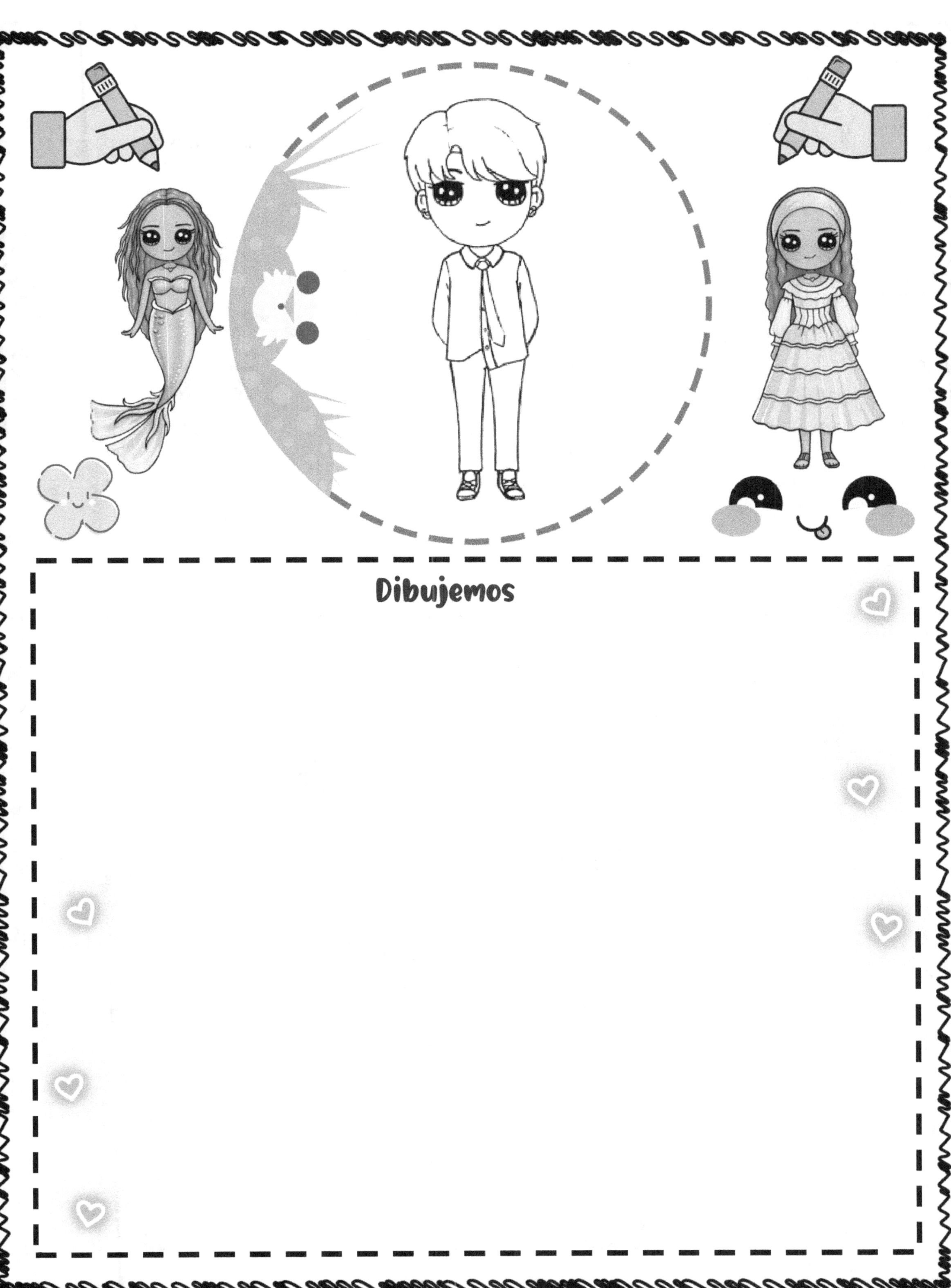

Dibujemos

Dibujemos

1
2
3
4
5
6
7
8
9
10

Dibujemos

1
2
3
4
5
6
7
8
9
10

Dibujemos

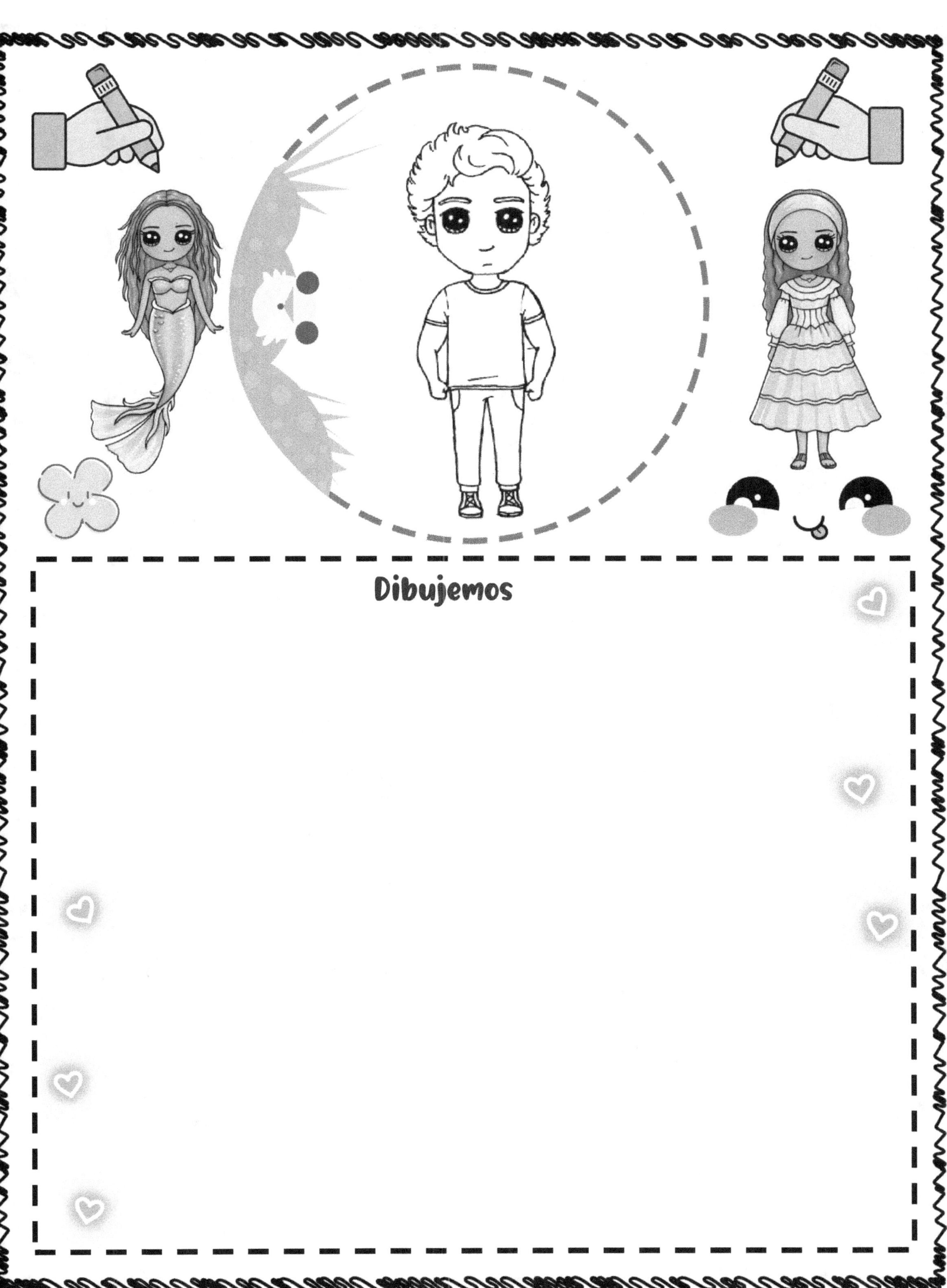
Dibujemos

1
2
3
4
5
6
7
8
9
10

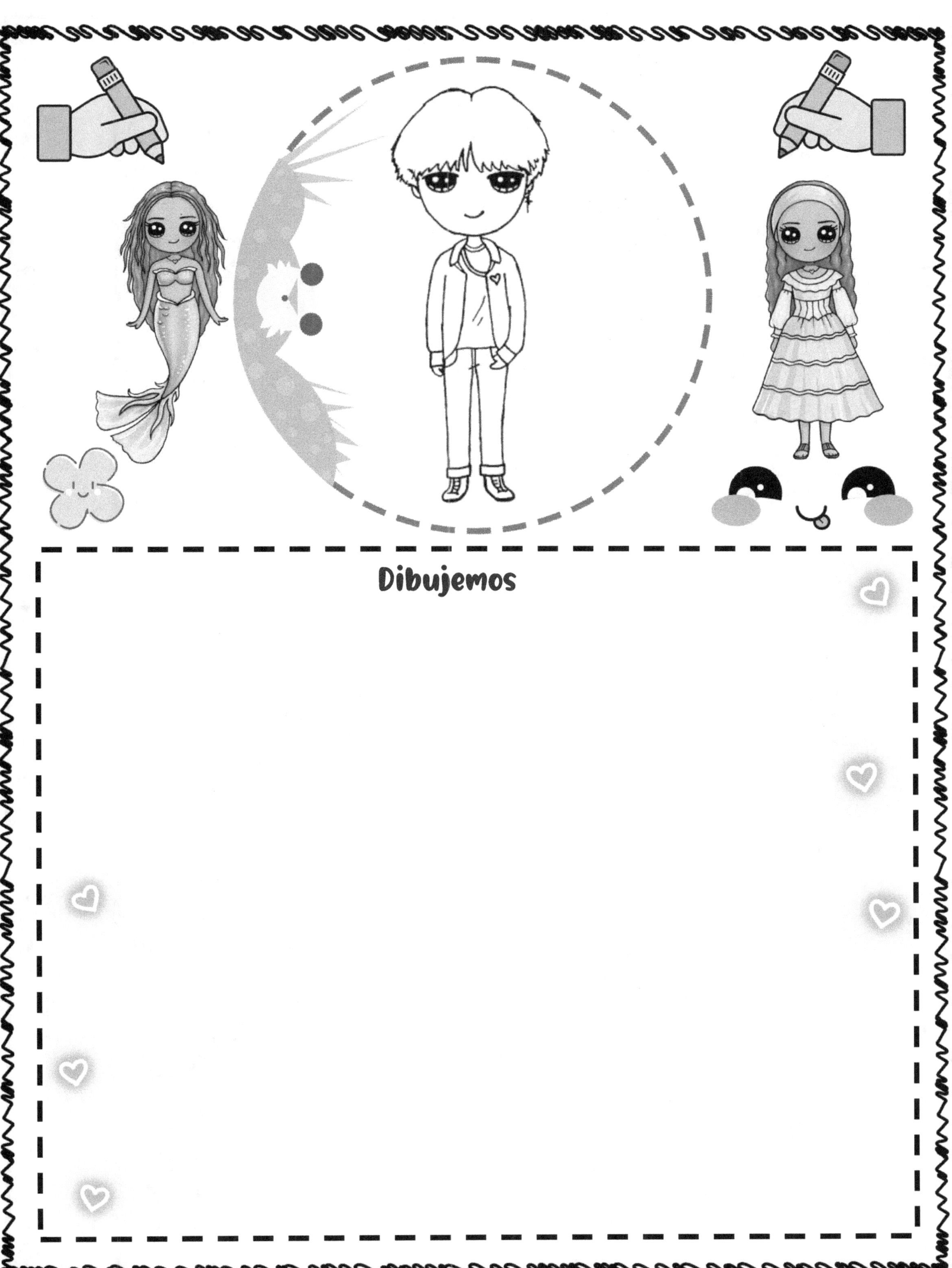

Dibujemos

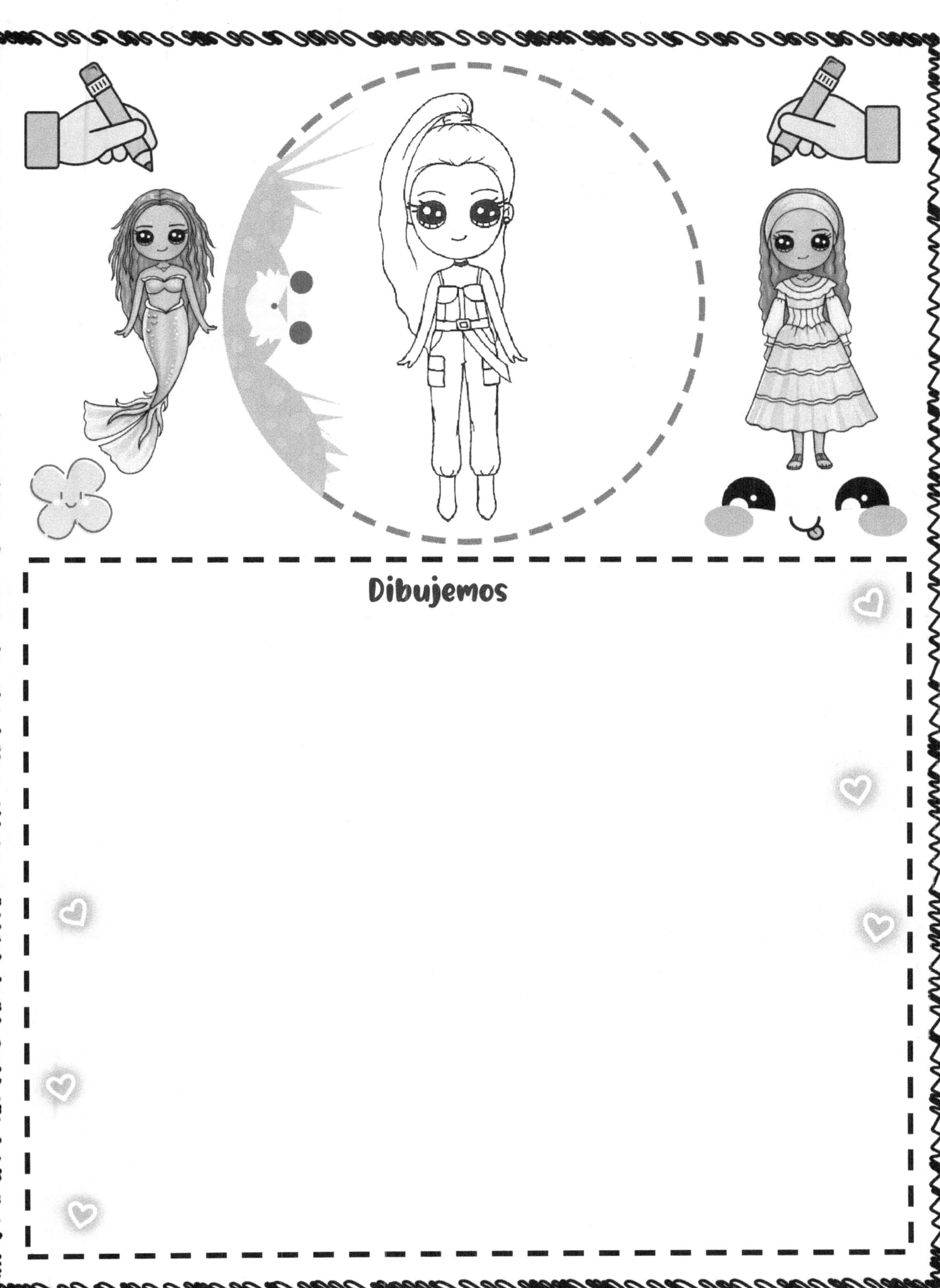
Dibujemos

1
2
3
4
5
6
7
8
9
10

Dibujemos

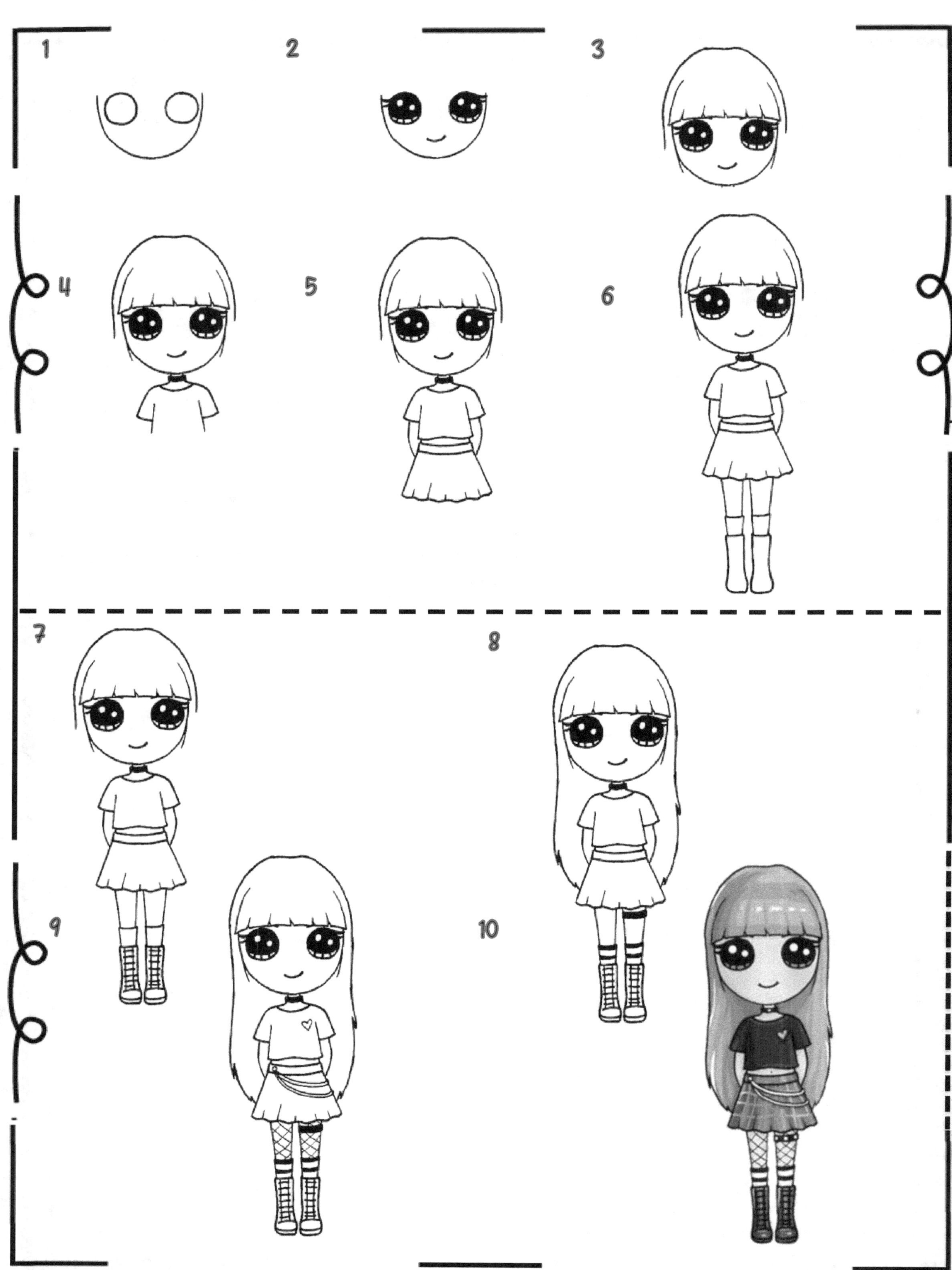

1
2
3
4
5
6
7
8
9
10

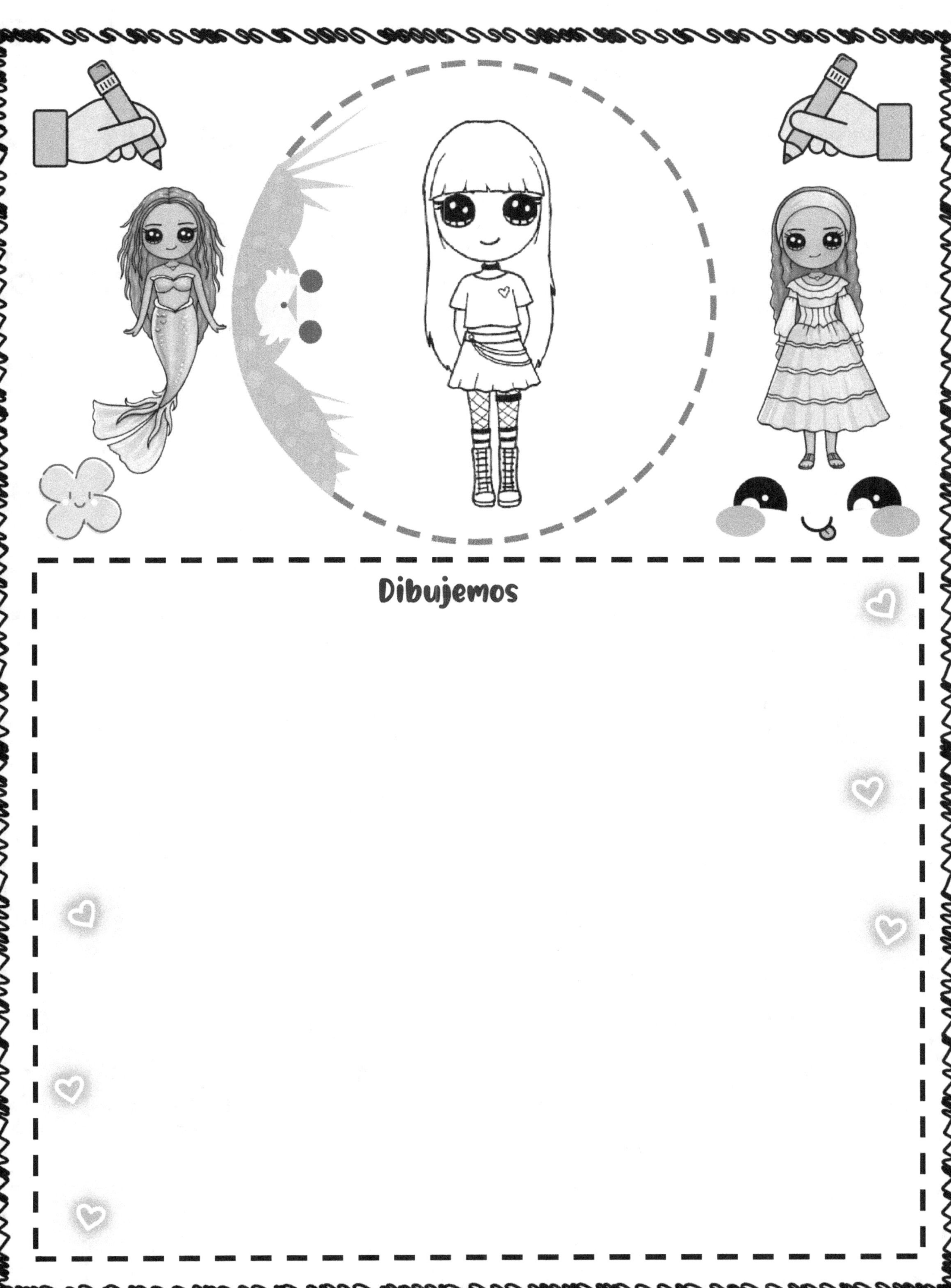

Dibujemos

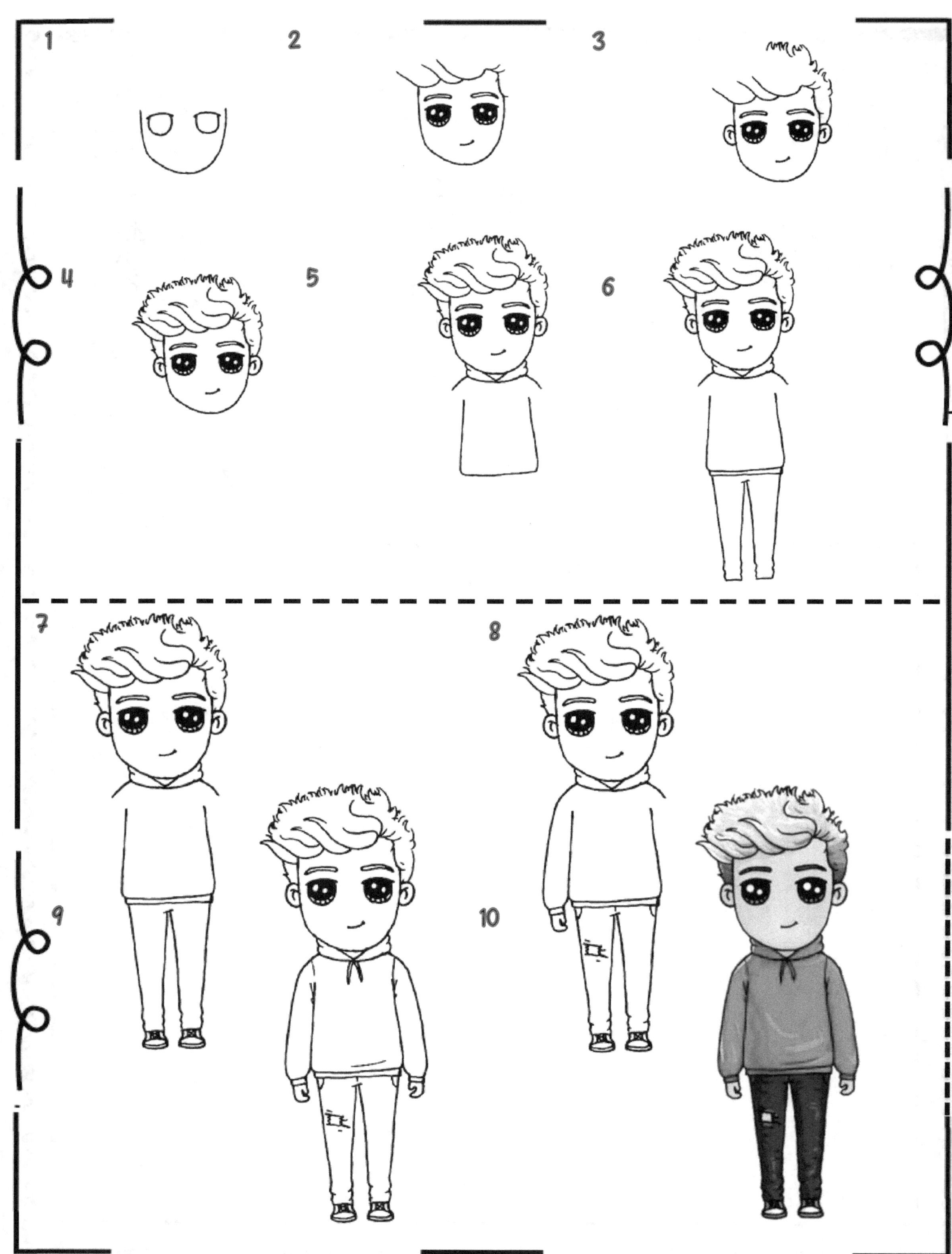

1
2
3
4
5
6
7
8
9
10

Dibujemos

1
2
3
4
5
6
7
8
9
10

Dibujemos

1
2
3
4
5
6
7
8
9
10

Dibujemos

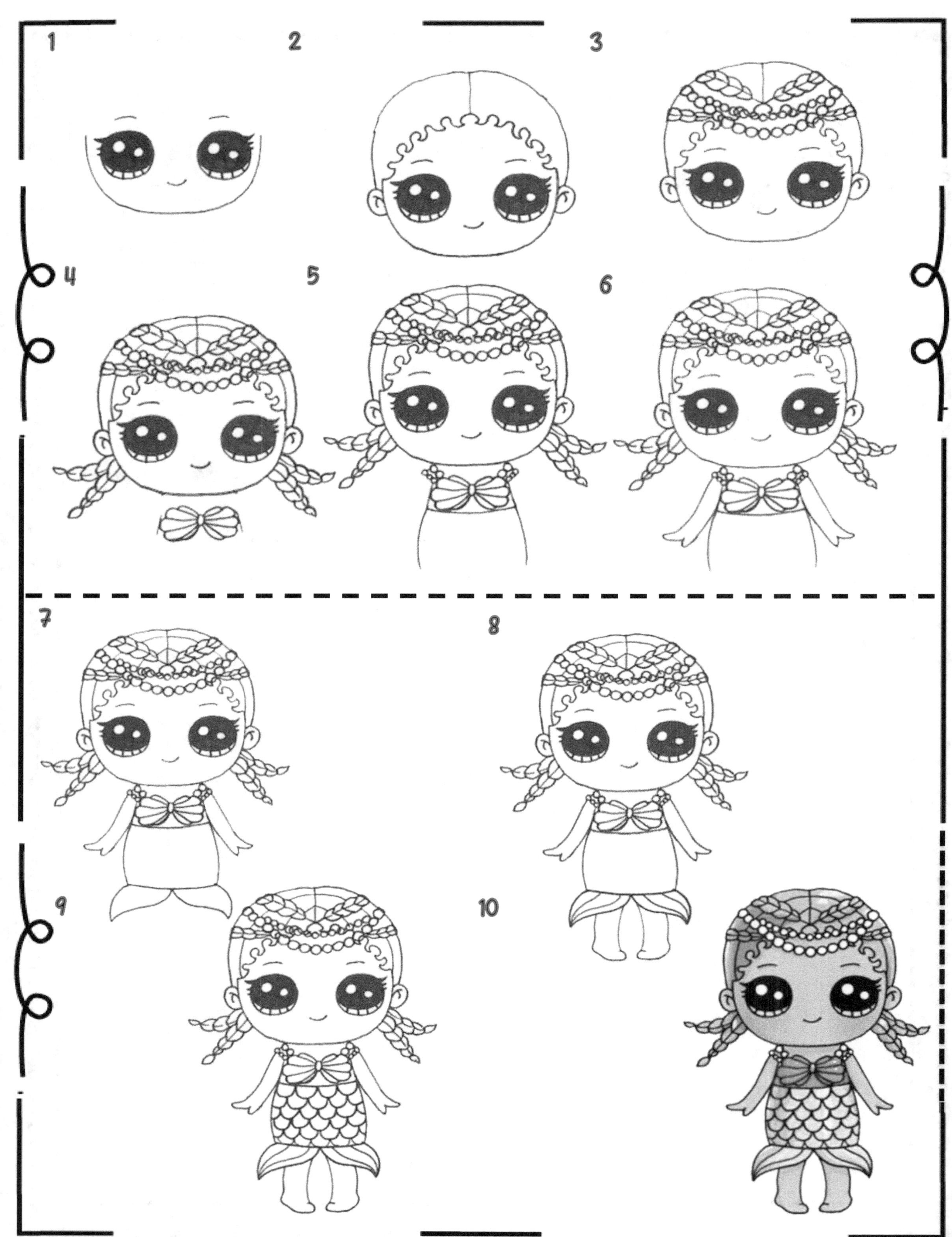

1
2
3
4
5
6
7
8
9
10

Dibujemos

1
2
3
4
5
6
7
8
9
10

Dibujemos

1
2
3
4
5
6
7
8
9
10

Dibujemos

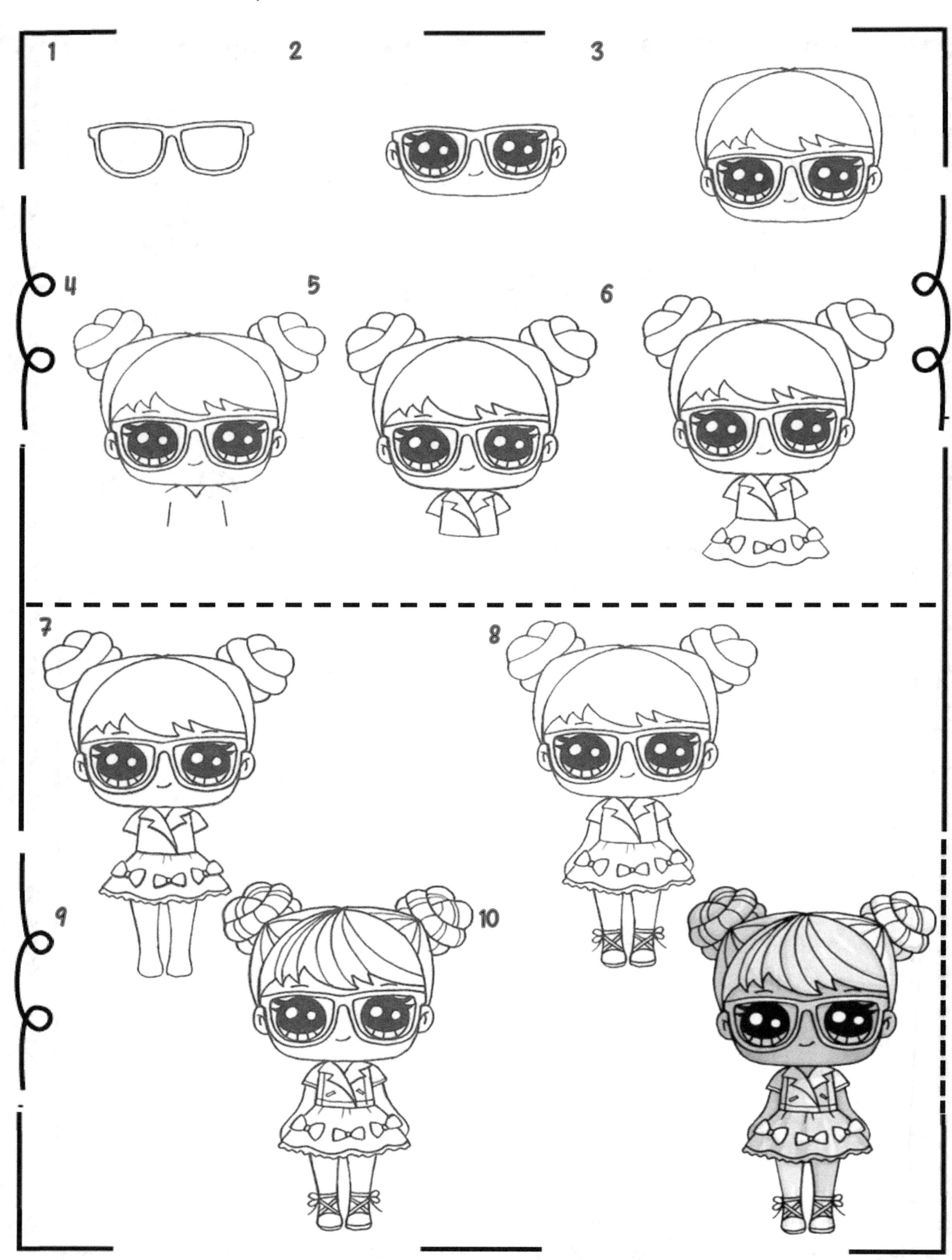

1
2
3
4
5
6
7
8
9
10

Dibujemos

1
2
3
4
5
6
7
8
9
10

Dibujemos

Dibujemos

1
2
3
4
5
6
7
8
9
10

Dibujemos

1
2
3
6
10

Dibujemos

Dibujemos

1
2
3
4
5
6
7
8
9
10

Dibujemos

1
2
3
4
5
6
7
8
9
10

Dibujemos

1
2
3
4
5
6
7
8
9
10

Dibujemos

1
2
3
4
5
6
7
8
9
10

Dibujemos

1
2
3
4
5
6
7
8
9
10

Dibujemos

1
2
3
4
5
6
7
8
9
10
LALISA

Dibujemos

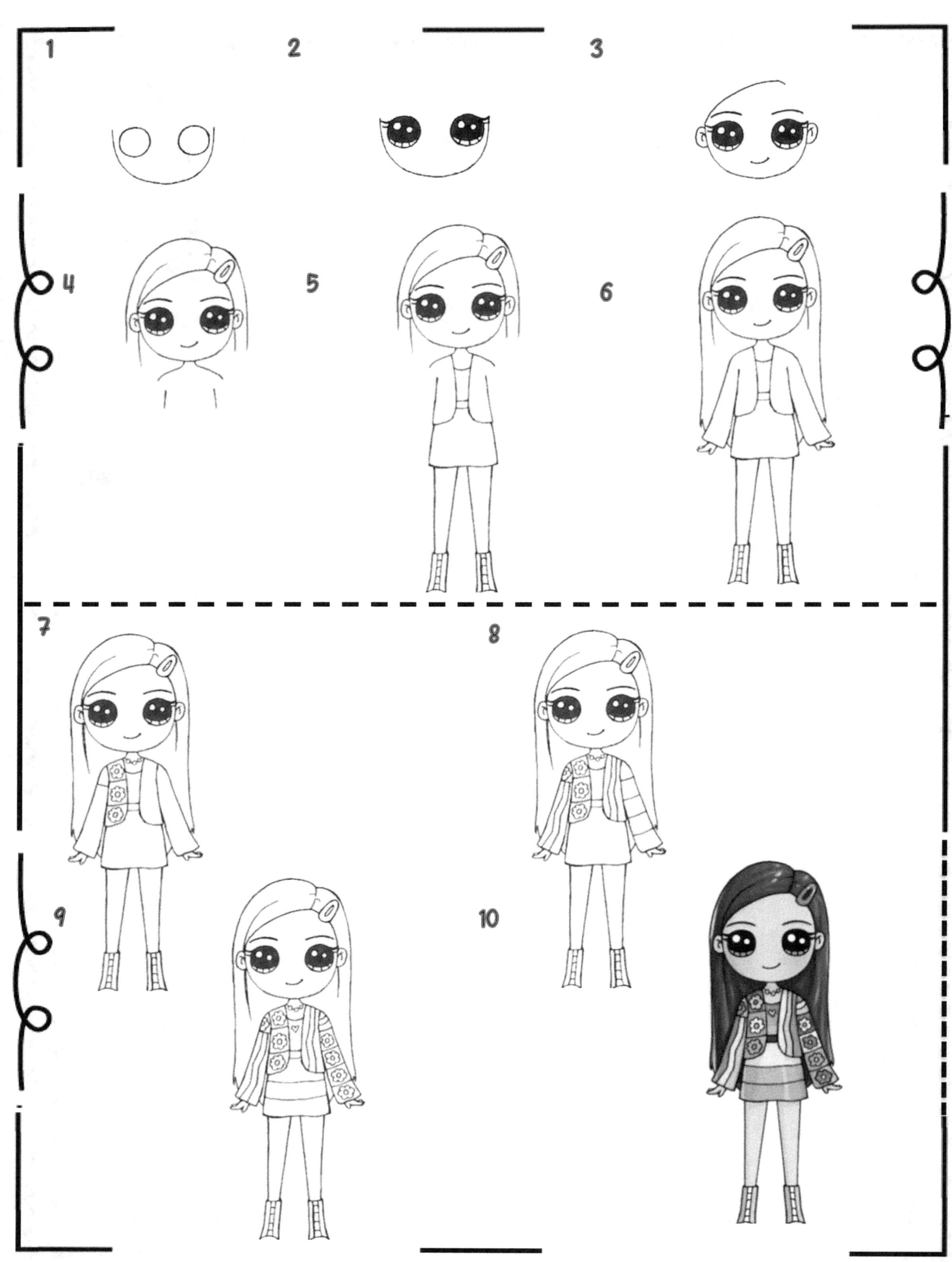

1
2
3
4
5
6
7
8
9
10

Dibujemos

Gracias por elegir este libro. Esperamos que hayas disfrutado cada página de este libro y hayas aprendido a dibujar paso a paso y crear tu propio arte.

www.ingramcontent.com/pod-product-compliance
Lightning Source LLC
Chambersburg PA
CBHW080932260726
48661CB00010B/3887